中國歷史大冒險 9

唐朝盛世

方舒眉　著

馬星原　繪

新雅文化事業有限公司
www.sunya.com.hk

目錄

每回附有：歷史文化知多點

序

輕輕鬆鬆閱讀歷史！

中華民族是一個古老的民族；中國歷史上下五千年，堪稱源遠流長。整部民族的歷史，是我們集體的過去，是我們祖先的奮鬥歷程，是我們所以有今天的因果。鑑古知今，繼往開來，不認識自己的民族歷史，猶如無根的植物，是不行的。

讀歷史，要有方法。以漫畫作媒介，以圖像說故事，可以輕輕鬆鬆地閱讀歷史。只要小孩子主動地拿起來看，他就會認識了盤古初開、三皇五帝、夏商周以至唐宋元明清……雖然只是一個梗概，但心中埋下了種子，以後不會對歷史課感到枯燥乏味，這就是我們的目的了。

本系列前稱《歷史大冒險》（中國篇），自 2008 年出版以來，一直深受孩子喜愛。如今重新出版，並豐富其內容：在漫畫底部增設「世界歷史透視」時間線和「中外神話／歷史大比照」，讓孩子通過比較中西方發展，以更宏觀的角度學習歷史；每個章回後亦設有「歷史文化知多點」，介紹相關朝代的知識，並設有「想一想」的開放式問題，以培養孩子的獨立思考。希望孩子在輕鬆看漫畫之餘，也能得到更充實的歷史知識。祝各位讀者享受這次歷史之旅！

方舒眉

登場人物

Q小子

活潑精靈，穿起
戰衣後戰鬥力強。

神龜

本來是遠古海龜，現
與Q小子和A博士一
起穿梭古代。

A博士

歷史知識廣博，發明
了「中國歷史大冒
險」的時光網絡。

隋文帝楊堅

隋朝開國皇帝，勤政
節儉，治國有方，史
稱「開皇之治」。

隋煬帝楊廣

隋朝皇帝，在位期間
興建大運河，攻打高
句麗，勞民傷財。

唐太宗李世民
唐朝皇帝，開創貞觀盛世，被稱為「天可汗」。

武則天
唐高宗之后，後改唐易周，為中國歷史上唯一的女皇帝。

唐玄宗李隆基
唐朝皇帝，在位前期國力鼎盛，後沉迷享樂，寵愛楊貴妃。

安祿山
胡人將領，被封為節度使，後起兵反唐，引發安史之亂。

黃巢
唐末發起民變，攻陷長安，自立為帝，最後被朱溫所殺。

朱溫
曾為黃巢部下，降唐後改名為朱全忠，後滅唐建梁。

宋太祖趙匡胤
原為北周將領，發動陳橋兵變，以宋代周，為宋朝開國皇帝。

李後主李煜
南唐末代君主，善於寫詞，亡國後被宋朝所俘。

時代簡介

公元 589 年，隋文帝楊堅南下滅陳，結束了自魏晉以來長達三百餘年的分裂割據局面，統一天下。隋朝在開國時頗有氣象，可惜隋煬帝楊廣好大喜功，東征西討，又勞役百姓，最終隋朝滅亡。

唐朝由李淵建立，唐太宗時期步入盛世，史稱貞觀之治。後來唐高宗皇后武則天登上帝位，易唐為周。武則天最終還政於唐，其後唐玄宗再創開元盛世，但安史之亂後唐朝回天乏力，最終衰亡。中國開始五代十國時期，再度陷入紛亂的局面。

第五十五回 楊廣奪位

　　公元 581 年，楊堅結束了北朝的混
亂局面，建立隋朝，史稱隋文帝。隋文帝
先離間突厥，免除北方威脅，後出兵平定
南方陳朝，成功統一天下，開啟隋唐盛世
的新一頁……

大興城

楊廣

晉王，我再敬你一杯吧。

哈哈

楊廣，隋文帝楊堅的二兒子，文武全才，而且屢立戰功，被封為晉王。

啟稟晉王！

皇上和皇后正前來探望你呢！

什麼事？

快！立即將美酒佳餚換成小菜兩碟！

所有美女立即藏好，老宮女穿上舊衣侍候！

快快快快！

嘻嘻

哈哈，楊廣那小子要忙翻天了！

可憐他的大哥楊勇，還以為自己的太子之位牢不可破呢。

他每天仍在花天酒地，接受百官朝見！

唉，楊勇真令人失望……

楊勇和楊廣都是我的親生兒子，但楊廣的確較識大體……

隋文帝 楊堅

獨孤皇后

為了隋朝江山千秋萬代，皇上還是早點下決定吧！

太子楊勇

楊勇的太子之位被廢後，他被軟禁在宮中……

父皇呀！

父皇呀！請讓孩兒見見你吧！

楊勇這麼大聲喧嘩，父皇遲早會心軟而召見他，若父皇回心轉意的話……

呵呵，這個你大可放心……

我們已向皇上稟報，楊勇已「失心瘋」，被妖魔附體，魂魄不齊了！

大臣楊素

大臣楊素深得隋文帝信任，楊廣算是找對了人一同合謀對付楊勇。楊勇被廢後不久，隋文帝便正式立楊廣為皇太子。

四年後，隋文帝病重，他才知道當初下錯了決定……

嗚嗚……

愛妃，你怎麼哭了？

嗚嗚，太子他……他調戲我……

大逆不道的楊廣！我要廢掉他！

岂有此理！竟然想廢掉我?!

楊廣當然不會束手待斃……

他立即將隋文帝的親兵及防衛隊換成自己的人馬。

沒多久，隋文帝就逝世了。有說他是被楊廣謀殺的，但卻沒真憑實據。

楊廣秘不發喪，隱瞞隋文帝駕崩的消息，還假冒他的名義，下詔書把楊勇賜死……

生在帝皇家，真是恐怖！

哈哈哈

我終於當上皇帝了！

楊廣把他的弟弟囚禁起來，又把楊勇的兒子全部殺掉，認為如此方可高枕無憂⋯⋯

還是不要去看那些血腥的殺人場面吧？

當然不去看那些⋯⋯

我們去看開鑿大運河吧！

混蛋！竟敢偷懶！

老子要打死你！

嘿！

呼！

作反啦！奴隸作反啦！

竟敢説我是奴隸?!

歷史文化知多點

隋文帝的貨幣政策

統一貨幣五銖錢

隋初貨幣極度混亂，原因是南北朝時期各地通行的貨幣不一，例如南陳使用太貨六銖、北周使用永通萬國和五行大布。這些貨幣的精劣、大小、輕重各異，而且幣值換算繁複，使用起來非常不便，嚴重阻礙了經濟貿易的發展。因此，隋文帝於開皇三年（公元 583 年）下令整頓貨幣，鑄行統一標準的「五銖錢」，同時禁止其他錢幣流通，結束了南北朝以來錢制龐雜的情況。

隋朝五銖錢稱作「開皇五銖」或「置樣五銖」（置樣的意思是「置樣為準」，不合樣者須沒收銷毀；銖是重量單位，以二十四銖為一兩。）隋朝五銖錢的特色是「五」字的左邊多了一豎，側看像一個「凶」字，有說此乃隋朝國運不長之兆。

撇開這迷信之說，隋文帝實行貨幣統一政策，確實為民眾帶來方便，有助推動社會經濟的發展。隋文帝在位期間，人民生活安定，國庫充實，史稱「開皇之治」。

▲ 隋朝五銖錢

敢言的趙綽

為了嚴格執行貨幣的統一，隋文帝曾下令在京城和各州放置五銖錢的樣錢，若錢幣不符合樣錢的標準，一概不得流入市面，以免劣質錢幣流通。

雖然隋文帝下了禁劣錢的法令，但仍然無法完全阻止劣錢在市面上出現。有一天，有兩人在市集內以劣錢換好錢，將士得知後向上稟報，隋文帝下令將二人處死，以殺一儆百。

趙綽是大理寺少卿，掌管刑獄案件的審理。他得知隋文帝的決定後，向他進諫：「他們所犯之法，應當判處杖刑，把他們殺了並不符合刑法。」隋文帝大怒，斥責此事與趙綽無關，趙綽繼續說：「皇上認為臣不愚昧、能明辨是非，才讓我在司法機關工作，如今皇上想任意殺人，怎會與臣無關呢？」

隋文帝認為趙綽觸犯天威，非常生氣，但趙綽跪拜前行，遭受斥喝亦不退下，隋文帝只好返回宮內。後來有其他官員也進諫，隋文帝才收回成命。後世史書評價，隋朝得以興盛，歸功於趙綽與其他正直能幹的官員盡心輔佐朝廷。

想一想

秦始皇消滅六國後也曾推行統一貨幣的政策，你認為這項措施為何那麼重要？

第五十六回

煬帝建運河

楊廣好大喜功，是個全然不顧人民性命的暴君！

不過近來卻有為楊廣平反的論調……

說他所修建的大運河，是恩澤後世的經濟建設云云。

對不起！恕我無法接受這觀點！

為什麼？

客觀上，大運河的確對後世有經濟價值，但楊廣興建大運河的動機並非如此！

中外歷史大比照 位於埃及的蘇彝士運河於 1869 年建成，它大大縮短了船隻往返歐洲至亞洲的航程，是世界上一條非常重要的運河。

嘩！大龍舟？

對！楊廣就是為了乘龍舟下江南遊玩，才會勞民傷財地修建運河的！

這個自大的傢伙，坐上一艘四層高的大龍舟巡遊江都……

龍舟被數千艘載着妃嬪、官兵的船隊簇擁着，浩浩蕩蕩相接二百餘里，拉船的縴夫就要八萬多人！

大膽！誰在議論朕？

是我！我是靈貓大師。你修建的運河舉世知名，我們特來參觀一下。

靈貓大師？我好像從哪裏聽說過這名字……

好好欣賞朕的功績吧！朕興建的這條大運河，前無古人，後無來者！呵呵！

運河穿越河南、河北、山東、安徽、江蘇和浙江六省，全長2,500多公里，朕動用數百萬名民工日以繼夜地趕工完成……

朕巡遊江都，嫌拉船的縴夫粗魯，於是召集五百名民女穿上彩衣，為朕拉船……

天氣酷熱，民女體力不支，於是朕下令在兩岸種植垂柳遮陽……夠貼心吧！

楊廣會因此覺悟而收斂一點嗎？

不會啦！此君是個炫耀狂，我帶你們去看看他的另一傑作！

這裏是京城，我們換裝後才進去吧！

一片繁榮的景象呢！

其實是虛構出來的假象！

史書説，楊廣要向外族炫耀，於是花錢整理洛陽城的街道，請人奏樂唱戲，通宵達旦，樂聲傳到數十里以外……

真是個只顧自己面子，卻不理人民死活的傢伙！

還有更離譜的事呢！不過肚子餓了，我們先去吃飯吧！

好呀！

呼……吃飽了！

伙計！

來了！請問客官有何吩咐？

麻煩結帳！

呵呵，客官看來是外地人，所以不知道吧？

我們京城豐足富饒，外地人來喝酒吃肉，全都是……

不用付錢的！

嘻嘻！嚇了一跳吧？楊廣為了要在外族面前揚威，所做的事簡直是匪夷所思！

真是胡鬧，怪不得十多年後他便花盡國庫積蓄！

他還有更花錢的玩意啦！

就是打仗！

楊廣要教訓不願稱臣納貢的高句麗*，於大業八年（公元612年）徵集一百多萬大軍御駕親征。

*高句麗位於今朝鮮半島北部。

楊廣以為滅掉高句麗，就如用指頭捏死一隻螞蟻般容易。豈料高句麗雖然只有數十萬軍隊，但面對一百萬的隋軍卻絲毫不懼。高句麗遼東城固若金湯，隋軍無計可施。

楊廣眼看這樣下去不是辦法，於是派出三十萬陸軍和二十萬水軍繞過遼東城，直撲平壤。

高句麗軍佯裝敗陣，不斷誘敵深入；隋軍不知是計，以為勝利在望，遂於後勤補給嚴重不足的情況下孤軍挺進。

世界歷史透視

公元 610 年
穆罕默德創立伊斯蘭教

公元 612 年
隋煬帝出征高句麗

高句麗軍眼看時機成熟，馬上向又飢餓又疲累的隋軍發動反攻，結果隋軍大敗，三十萬渡過遼河的陸軍，回來的卻只有二千七百人！

楊廣逼不得已，只好退兵。但他回國後並無反省自己的魯莽自大，勞民傷財，反而決定明年再次親征，不滅高句麗，誓不罷休！

公元 616 年

波斯征服埃及

大業九年（公元613年）三月，距上次征高句麗失敗不足一年，楊廣再次踏上征途。

這次圍攻遼東城，眼看可以一雪前恥，誰知後方傳來楊素之子楊玄感叛變的消息。

什麼？傳令下去，大軍即日啟程，返國平亂！

遼東城內的高句麗軍竟然看到這樣的一幕奇景!

一日之間,隋軍急急退走,匆忙得放棄了無數軍糧、器械和物資,高句麗軍都看得傻了眼!

發動叛亂的楊玄感志大才疏,很快就被楊廣派出的多名猛將鎮壓了!

我要第三次攻打高句麗,以洩我心頭之恨!

哈哈!楊廣白白浪費了擊敗高句麗的機會!

蠢材!

歷史文化知多點

大運河的功用

　　大運河的開鑿始於隋文帝。隋朝以位於關中的大興城為首都，但關中物產不足以供給京城，需要依靠關東地區供應糧食。隋文帝於是下令開鑿廣通渠，以解決渭水的淤塞問題，使關東至大興城的漕運（通過水道運糧）得以打通，保障了大興城的物資供應。

　　隋煬帝繼位後，先後開鑿了山陽瀆、通濟渠、永濟渠及江南河，聯繫了海河、黃河、淮河、長江、錢塘江五大水系。大運河除了方便隋煬帝南巡至江都等地外，還有重要的軍事作用，其中永濟渠貫通了洛陽和涿郡（今北京）的交通，軍事物資得以送至東北邊境，有助隋煬帝東征高句麗。

　　大運河是歷史上最長的運河，但隋代以後，運河的部分河段逐漸荒廢。元朝時，元世祖忽必烈在大運河的基礎上興建京杭大運河，隋代大運河遂被取代。

想一想

從花費的人力物力和成效來看，你認為大運河值得興建嗎？

第五十七回

李淵建唐

楊廣真是一個無可救藥的頑固傢伙！

揮軍剷平高句麗！

又來?!

高句麗嬰陽王

被這瘋狗咬住不放，真傷腦筋……

不斷打仗，國力消耗太大了！

求和吧！

嬰陽王派出使者，
向隋朝請和……

高句麗請和，
你認為皇上會
不會答應？

我說不會啦！皇上兩次
御駕親征都無功而還，
氣得不得了，這次又怎
會輕言罷休呢？

我說他會以和
為貴！要不要
和我打賭？

好！

……

43

終於知道我大隋的厲害啦！

朕贏了！

好消息！皇上接受了高句麗的請和！

可以回京城啦！真高興呀！

我更高興呢，願賭服輸吧！

既然收了你的錢，就為你消消災吧。

楊廣其實非常擔心國內的民變，所以才會借此下台階，趁機急急班師回朝。

但亂局已成，楊廣已是無力回天！

你……你竟敢直呼皇上名字?!

有何不可？楊廣這小子已經民心盡失，大限將至！

造反啦！你……你究竟是什麼人？

我就是傻貓大師！

記着我的指點，有機會就投靠李淵將軍吧，楊廣的末日很快便到了！

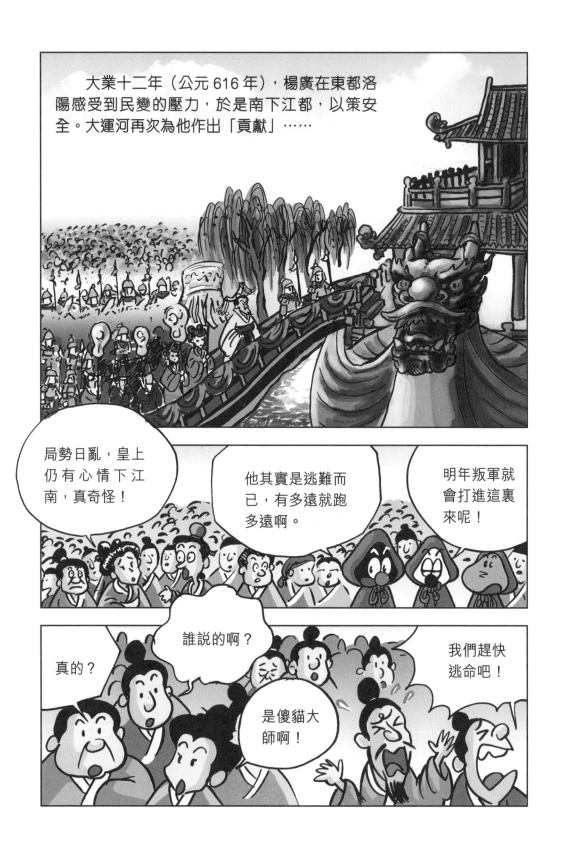

楊廣逃到江都沒多久，叛軍果然
攻打東都洛陽。這時出任太原留守的
李淵一看形勢，便知機會來了……

李淵

李世民
李淵之子

大業十三年（公元617年），
李淵以「勤王討賊」之名，率軍
向隋朝首都大興城挺進……

「勤王軍」很快擊敗叛軍，進入大興城。

楊廣之孫
楊侑

李淵大人有請，説要跟你共商大事！

我只是個小孩子，他要跟我商量什麼大事啊？

李大人要擁立你來做皇帝呢！

那我爺爺怎麼辦？

呵呵，楊廣將會被尊為有名無實的「太上皇」！

請！

48

楊廣在江都得知這消息後，既驚且怒……

作反了！

洛陽和大興城都回不去了……

罷了！事已至此，朕只好留在這裏了！

不回去？那怎麼行？我們的妻兒都在洛陽啊！

吵什麼?!朕已決定遷都於此，誰敢再亂說話就斬頭！

49

唉，皇上怎可以這樣？我們都很想回家呀！

宇文將軍！我想跟你說一些肺腑之言。

宇文化及

李淵已擁立楊侑登基，楊廣成了廢帝……

難道我們仍要為他賣命嗎？

對！我們應該這麼辦！

*癬疥之疾：癬和疥為皮膚病，意指無關緊要、不足為害的毛病或問題。

找到了，皇上在這裏！

嘿！還稱呼什麼「皇上」？直呼他楊廣吧！

報告宇文將軍，楊廣已被捉拿！

哼！

何須將他帶來，殺了他吧！

宇文化及一不做二不休，把楊廣的親信大臣、皇子皇孫幾乎全部殺掉……

說來也是報應，楊廣之父楊堅當年篡奪北周帝位……

他幾乎將北周皇族殺得乾淨，如今宇文化及對隋朝皇室大開殺戒，真是天理循環，報應不爽！

楊廣最終被絞殺，宇文化及擁立楊廣之姪楊浩為帝，自己則稱為大丞相。

世界歷史透視

公元 617 年
波斯再度攻打東羅馬帝國

公元 618 年
李淵滅隋，建立唐朝

啟稟皇上和李大人，太上皇……遭叛臣謀害，已經駕崩了……

太好了！最大的障礙已清除，輪到我李淵做皇帝了！

皇上，請聽微臣一言：為了天下蒼生福祉，讓四海昇平，國泰民安……

巴拉巴拉……巴拉巴拉……巴拉巴拉……巴拉巴拉……巴拉巴拉……巴拉巴拉……巴拉巴拉……巴拉巴拉……巴拉巴拉……

好了，朕明白了……退位禪讓給你可以了吧！

公元 622 年

伊斯蘭教曆紀元開始

大業十四年（公元618年），李淵廢黜隋恭帝楊侑後稱帝，建立唐朝。但隋朝名義上仍存在，除了宇文化及擁立楊浩為帝外，洛陽守將王世充也擁立了楊廣之孫楊侗為傀儡皇帝，使隋朝苟延殘喘。

另外，不同派別的農民起義軍和地方諸侯亦紛紛割據稱王，所以在唐朝初期，李淵能夠控制的地方極為有限，僅僅得大興城和太原兩地而已。

太原

大興城

有大臣問李淵，應給予楊廣什麼諡號？

他怎麼說？

諡號為「煬」，史稱隋煬帝！

楊廣給予陳朝末代君主陳叔寶「煬帝」的諡號，但「陳煬帝」沒有在史上成名，「隋煬帝」卻成為了後世無人不識的殘暴昏君！

真諷刺！

歷史文化知多點

繁盛的長安城

千年古都

　　長安即現今的西安，明代改為西安府，西安之名由此而來。西安是中國六大古都（北京、南京、西安、杭州、開封和洛陽）之一，也是世界歷史名城，與意大利羅馬、希臘雅典、埃及開羅合稱「世界四大古都」。

　　唐代詩人杜甫稱長安為「秦中自古帝王州」，從周代至唐代，中國共有十一朝建都長安，可見長安在歷史上的重要性。唐代的長安是當時的天下中心，作為大唐帝國的首都，長安見證了中國歷史上最華彩瑰麗的年代。

　　悠久綿遠的歷史為西安留下了豐富的文化遺產，除了聞名中外的秦始皇兵馬俑外，還有阿房宮遺址、秦始皇陵、周公廟、諸葛亮廟、大雁塔、大明宮（唐宮城），以至唐昭陵（唐太宗墓）和唐乾陵（唐高宗及武則天合墓）等。此外，西安更保存了最完整的明清古建築，例如西安城牆、鐘樓和鼓樓，因此至今仍是世界旅遊熱點城市之一。

中外文化交流的中心

　　李淵建立唐朝，以長安為首都，其子李世民繼位後，唐朝國力更日趨強盛，長安成為全國重要的政治、經濟及文化中心，更是世界上最繁榮的國際大都市之一。

　　自西漢以來，長安便是絲綢之路的起點，唐代的長安城有完善的交通網絡，更吸引了不少外國商人到中國進行貿易。在盛唐時期，長安城的商業活動非常繁盛，設東、西兩市，各有商行二百多間，出售的貨品種類多元化，既有中國生產的絲綢、瓷器和茶葉，亦有外國商人帶來的香料、象牙、寶石等。

　　此外，唐朝國力鼎盛，鄰近國家和民族都紛紛派遣使節前往長安訪問，包括日本、朝鮮、中亞、阿拉伯等地。大量外國人留居長安，有些更出任中國官職，例如日本人阿倍仲麻侶。外國的風土習俗因而傳入中國，胡族的音樂、舞蹈、服飾等都為當時居於長安的漢人所接受。

想一想

你認為要成為一個國際大都市需要什麼條件？長安城符合這些條件嗎？

第五十八回

玄武門之變

李淵稱帝後，封次子李世民為秦王。李世民文武全才，知人善任，協助李淵平定各地割據勢力，統一全國。

李世民

李世民手下有兩員猛將，一是秦叔寶，一是尉遲敬德。兩人都是降將，但歸附李世民後忠心耿耿，屢立戰功。

這兩人後來還成為了「門神」呢！

守門的神？

你以前不是說過，門神是神荼和鬱壘嗎？

怎麼現在又變成了秦叔寶和尉遲敬德？

神荼、鬱壘是漢代所流傳下來的門神，而秦叔寶和尉遲敬德成為唐朝門神，當中有一個傳說……

排排坐，聽故事！

話說李世民某次患病，在夢中見到鬼怪前來索命，整夜都不能安寢。

秦叔寶和尉遲敬德自告奮勇，在門外守夜，鬼怪果然不敢再前來騷擾。

李世民大為滿意，但每晚要兩名大將守夜，實在大材小用，於是想出這個方法……

讓畫師繪下他們的肖像，貼在門上吧！

於是他們便成為了李世民的「御用門神」，後來傳入民間。

這位膚色黝黑的尉遲敬德，更在一次關鍵的歷史事件中，擔當了重要的角色。

那歷史事件就是「玄武門之變」！

唐高祖李淵與皇后竇氏共有四名兒子：長子李建成，封皇太子；二子秦王李世民；三子李玄霸早逝；四子齊王李元吉。

李建成

李世民

李元吉

他們在朝中各有勢力，但齊王李元吉與皇太子李建成交好，結為「太子黨」，排擠秦王李世民。

「太子黨」知道尉遲敬德是一名不可多得的勇將，希望從李世民旗下拉攏過來。於是他們親書密函，並給尉遲敬德送上大量金銀珠寶……

……素仰尉遲公高望，欲結布衣之交，得公之助，天下可定，小王幸甚……

對不起！太子送的禮物我不敢要，請你們拿回去吧！

我身為秦王手下，若跟太子結交，便是心懷二主，想必太子也不喜歡這樣的人！

豈有此理！敬酒不喝喝罰酒！四弟，你説該如何處置尉遲敬德？

大哥別生氣！我今夜便派人去殺掉這個不識抬舉的人！

唏！

你是誰？

我也是太子派來的刺客，比你早一個時辰就來到了！

那麼你還不行動？

你先看看下面吧！

大開中門？
怎會這樣？

就是嘛！這麼
詭異古怪，你
敢進去嗎？

看來那傢伙已
設下機關，正等
着我們光臨呢！

我可不傻，
失陪了！

我也撤
退了！

殿下，我擺下「空城計」，刺客就不敢進來了！哈哈！其實哪有什麼機關呢！

你這傢伙的確聰明！但從另一面看，卻愚鈍得很呢！呵呵……

什麼？

人家送你禮物，你不收便會招來殺身之禍，倒不如先收下，之後再告訴我，豈不是更好嗎？

說的也是！

玩笑開完了。末將認為，殿下應該慎重考慮和太子之間的關係……

這樣下去，不是你死便是他亡！

唉～

武德九年（公元626年）六月四日清晨，天仍未亮，李建成和李元吉進宮上朝……

大哥，世民向父皇告我們的狀，你説父皇會相信他嗎？

哼！我是父皇所立的太子，他怎麼可能會聽世民的胡言亂語！

對啊！畢竟將來的帝位是屬於大哥你的啊！

咦？不對勁！

世界歷史透視

等一下……

他們突然停下來了！

不對！我心中有不祥預感！立即往回走！

被他們發覺了！所有將士不必再隱藏！攻擊吧！

為什麼李建成和李元吉一大清早跑到玄武門來？

因為前一天晚上，李世民進宮向李淵上奏，說太子妒忌其才能，經常設計陷害他，求李淵主持公道。

於是李淵下旨，召李建成和李元吉清晨進宮，想弄清楚他們兄弟之間的矛盾，豈料李世民借此機會埋下伏兵……

報告殿下，已經得手了！

好！傳令下去，請尉遲將軍立即進宮！

外面那麼喧嘩，發生了什麼事？

尉遲敬德，大膽！

你帶着士兵闖進來，究竟所為何事？

73

皇上詔書在此！立即停止戰鬥！

噹 噹

李世民很快便控制了大局，大部分「太子黨」的人棄械投降，尉遲敬德勸說諸將停止追殺。

其後李淵宣布叛逆之罪只加予李建成和李元吉二人，太子餘黨均告無罪，李世民甚至將當中一些有才能的人收為己用。

數月後，李淵宣布退位，內禪帝位予李世民，是為唐太宗，改年號「貞觀」。

史上著名的「貞觀之治」，是指李世民在位期間的盛世。他知人善任，施政廉潔清明，對內與民休息，對外則平定邊疆。

唐朝在他的帶領下，邁向一個繁榮安定的時代。因此，日後的中國人被稱為「唐人」，海外聚居地則稱作「唐人街」。

中外歷史大比照 唐朝成為亞洲一大帝國，阿拉伯人在公元 8 世紀亦建立了一個橫跨歐洲、亞洲和非洲的強大帝國。

唐太宗的貞觀之治

知人善任的唐太宗

唐太宗李世民是中國歷史上著名的明君，他勤於政務，而且廣納人才，用人不問出身，唯才是用。他鼓勵大臣進諫，並會虛心接納意見，魏徵便是太宗時期一位敢言的諫官。

魏徵原本是太子李建成的部下，玄武門之變後，李世民欣賞魏徵的耿直，不計前嫌而起用他。魏徵得遇明主，也盡心輔助，曾二百多次向太宗進諫，直接指出他的過失。

太宗十分尊重魏徵，甚至心存敬畏。有一天，他想到南山巡遊，本來已經準備出發，但最後又不去了。魏徵從家鄉掃墓後回來聽說此事，便問他為何沒有成行。太宗說：「朕膽心會被魏卿你責怪，所以不去了。」可見太宗非常重視魏徵的意見。

魏徵去世時，太宗曾傷心地說：「以銅為鏡，可以知道自己的衣服是否整齊；以古為鏡，可以知道歷史興替；以人為鏡，可以知道自己的得失。如今魏徵死了，我失去了一塊明鏡啊！」

科舉制的發展

在古代，怎樣才能當官呢？你可能曾在電視劇上看過這樣的情節：讀書人寒窗苦讀數載，然後上京考試，最後金榜題名。古代這種通過考試而入朝為官的制度，稱為科舉制。

科舉制自隋朝起實施，一直沿用至清朝，歷經一千三百多年，是中國歷時最久的選士制度。唐代的科舉制在隋代的基礎上加以發展，設縣試、州試和省試，層層遞進；考核的科目眾多，當中以「明經」和「進士」兩科最為重要。

明經科考核考生對儒家經典的認識，而進士科則考核詩賦和時務策（與當時政治、經濟、社會相關的問題）；明經科較着重死記硬背經書和註疏，而進士科主要以詩賦創作為錄取標準，因此最難考上，每年大約只有二十多人及第。由於「物以罕為貴」，唐朝士子都以考取進士為榮，而唐朝宰相亦多為進士出身。

廣納人才的太宗以科舉考試選拔官員，此外他設立弘文館蒐集圖書，並興建學校，使唐朝的學風大盛，人才輩出。

四夷歸附

　　唐太宗除了文治以外，軍事方面的成就亦非常顯赫。他實行府兵制，農戶男子平時務農，農閒時要接受軍訓，戰時則應召出征，這使軍隊兵源充足，戰鬥力強。

　　唐朝建立後，邊境不斷受到外族侵擾，尤以北方的東突厥為最大憂患。貞觀三年（公元 629 年），唐太宗繼位後不久，便派十萬大軍出征，成功擊敗東突厥，把陰山直到大沙漠之地納入唐朝的版圖內，維持了北方邊境的和平。其後，太宗把得地賜予北方的回紇，使回紇歸順於唐室。

　　唐滅東突厥後，太宗又出兵攻打西域的高昌、焉耆、龜茲等國，並對吐蕃（粵音播，位於今青藏高原）採取和親政策，將文成公主下嫁給吐蕃君主，從而加強了對西域的控制。太宗的威名遠震四方，西域各國稱他為「天可汗」（可汗，粵音克寒）。可汗是古代少數民族對其君主的稱呼，而「天可汗」則是可汗之可汗，指統領各地可汗的君主，由此可見太宗地位的尊崇。

想一想

唐太宗發動玄武門之變才得以繼承皇位，但他在位期間卻開創盛世，你認為皇帝應由長子繼承，還是有能者居之？

第五十九回　千古一女皇

唐太宗李世民憑玄武門之變而繼位，他雄才大略，但因果循環，晚年為眾子爭奪繼承皇位而煩惱不堪。

那他怎麼辦？

最後，他把爭奪得最厲害的嫡長子和二子一起趕走，傳位給三子李治。

可見心機費盡也徒然，不爭才會贏！

咦？我們來佛寺幹什麼？

找唐三藏去取西經嗎？

不是啦！我們已跳躍至公元650年，唐三藏已取經回來了！

還以為可以看看「西遊記」呢！

下次我們才到西遊記的故事中歷險吧！現在我們要去看的場面，是唐高宗李治到感業寺拜祭父親李世民。

李世民死了嗎？

根據史書記載，他死於貞觀二十三年，即公元649年。

為免打擾歷史中人，我們隱身吧！

嘟

永徽元年（公元650年）五月，唐高宗李治到感業寺拜祭父親。

皇上萬福！恭喜皇上登基為帝。

是你呀，武才人！

我還以為皇上已忘了我……

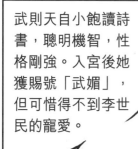

武則天自小飽讀詩書，聰明機智，性格剛強。入宮後她獲賜號「武媚」，但可惜得不到李世民的寵愛。

武則天在感業寺中與唐高宗再度重逢，自此改變了一生的命運⋯⋯

在李世民死後，根據後宮規例，沒有子嗣的妃嬪一律送到感業寺削髮為尼⋯⋯

過了不久，唐高宗把武則天召回宮中。

那麼，她是怎樣當上皇帝的呢？

我們現在就去看看吧！

當時，皇后跟蕭淑妃爭寵，武則天入宮後便百般巴結皇后，聯手對付蕭淑妃。

把蕭淑妃扳倒後，武則天越發得寵，皇后想對她施行巫術卻被告發，最終高宗廢掉她而改立武則天為后！

爭寵真可怕！

最後，她是如何登上帝位的？

哈！我知道，高宗那傢伙一定是個呆子，乖乖地把帝位奉上！

也不是！高宗不傻，只是患上頭痛症，於是依賴武則天為他做決定。漸漸地，武則天掌握大權……

殿前議政時，高宗和武則天並排而坐，被稱為「二聖」。

臣奏請二聖……

事情如此如此……請下旨聖裁！

嗯，這個嘛……

哀家認為應這樣處理……皇上意下如何？

正合朕意！你代朕下旨吧！

這皇帝當得真輕鬆，根本不用動腦筋！

所以，武則天的確是有才能的人，高宗得到她的輔佐，在位三十四年，國泰民安。

弘道元年（公元 683 年）十二月，高宗病逝，傳位予太子李顯，為唐中宗。

太子登位了，那武則天何時才當上皇帝？

別急！李顯雖是武則天的親兒子，但不甘於做傀儡皇帝，打算建立自己的力量，武則天卻不支持他。

結果，李顯當了不足兩個月的皇帝，便被貶為盧陵王。武則天另立親兒李旦為帝，稱唐睿宗。

這個皇帝的表現又如何？

睿宗即位後，武則天仍以太后身分掌控朝政，睿宗有皇帝之名，卻無皇帝的實權。

公元 674 年

阿拉伯人圍困君士坦丁堡

公元 684 年

唐中宗即位

武則天一方面扶助武家子弟掌權，另一方面把對她不滿的臣子斬殺或貶官。

垂拱二年（公元686年）三月，武后下令製造「銅匭」*，置於宮城之前。

那是什麼來的？投票箱嗎？

哈哈，你也想得太美了！這「銅匭」是讓人投書，作告密之用的！

*匭，粵音鬼，意思為小箱子。

88

嘿嘿……

這種告密制度，使很多人被誣告，導致家破人亡！

告密之人，即使是市井之徒，也有可能破格起用當官，於是朝廷之內小人當道。

你們這幾個小東西形跡可疑，在這裏想幹什麼?!

我們也想告密呢！

要告密的話，把信放進銅匭去吧！

不！我們所告之事非常機密，而且十分重要，必須親自面見武則天不可！

大膽蟻民！皇太后是你想見就能見得到的嗎？

史書記載，凡告密者，朝廷會供應交通、住宿和飲食；若事情重大，武則天會親自接見！

快快通報，否則我以密函投訴你！

嘩！請各位高抬貴手，我立即安排你們住進客棧，明天一早上朝，就能面見太后了！

你們三個，據稱有重大機密稟告，究竟是什麼？

重大機密就是——

有人要謀朝篡位了！

什麼？

誰如此大膽?!

中外歷史大比照　伊琳娜女王是東羅馬帝國第一位女皇（公元 797-802 年在位），她命人將兒子刺盲，將他罷黜後成為統治者。

*學界對於則天文字的數量眾說紛紜，有12個、17個、21個等之說，部分文字亦有兩種寫法或出現異體字。

第一個是「天」字，第二個是「地」字，再來是「日、月、星」。

「星」字很簡單，是個圓形呢！

畫家馬星原一定希望這種「則天文字」還在通用啊！

被老師罰寫名字一百次時，方便得多呢！

哈哈哈

衰貓！下次安排你被人痛扁一頓！

這些古怪文字，一直流傳了百多年，直到唐文宗開成二年（公元837年）才廢止。

時至今日，則天文字在中國已無人使用，只有在一些流傳下來的石刻、碑帖中見到。

但則天文字卻傳播海外至日本，現今京都還有一間「本圀寺」呢。

95

靈貓大師似乎真的什麼都知道！

母后要做皇帝，我讓給你好了！

你於數年後，易唐為周，登基做皇帝，改年號為「天授」！

我們要走了，拜拜！

等一等！請問我的大周江山國運長久嗎？

這個還是不告訴你吧！將來的事，不知道為佳！

現在我們要去參觀你的「無字碑」呢！

歷史文化知多點

唐代的文化交流大使

遠嫁吐蕃的文成公主

古時候，中國的君主為了讓邊境安寧，往往會以和親手段與外族結好，把公主或宗室女兒嫁予外族。最先實行和親的是漢高祖劉邦；到了唐朝，唐室又與位於西南方的吐蕃和親，促進了兩地的文化交流。

唐太宗消滅東突厥後，吐蕃王松贊干布敬仰唐室威名，曾派使臣到長安求親。唐太宗最初不答應，直至貞觀十四年（公元 640 年）松贊干布再派大臣祿東贊到長安求親，太宗才答允把宗室之女文成公主嫁給他。

翌年，文成公主帶着豐富的嫁妝前往吐蕃，包括佛像、經書，還有穀物、牲畜和藥材等，將唐朝的先進技術引入吐蕃。吐蕃與唐室結成姻親，兩國的關係變得密切，交流逐漸頻繁，吐蕃派遣貴族子弟到長安學習，而漢族工匠也被派到吐蕃，傳授農耕、造紙、製陶、冶金、曆法等技藝和知識。

文成公主在吐蕃生活了四十年，教導婦女紡織、養蠶、釀酒等技術，推動了當地文化的發展，因此深得人民尊敬。

玄奘西行取經

　　中國四大名著之一的《西遊記》，故事人物早已家傳戶曉。其實歷史上確有唐三藏其人，他生於隋朝，俗名陳褘，十三歲剃度出家，法號玄奘。

　　玄奘遍讀佛經，但隨着佛學的造詣加深，發現佛教內部宗派繁多，而經論譯著也出現不少歧義，於是決心西行前往佛教的發源地天竺（今印度），留學取經，以統一各派學説。

　　貞觀三年（公元 629 年），玄奘從長安出發，途經現今的新疆、阿富汗及巴基斯坦等地，歷盡艱辛，終抵天竺修習佛法。他鑽研佛教教義，在當地獲得了崇高的聲譽。貞觀十九年（公元 645 年），玄奘帶着佛經、佛像、舍利和佛經梵文原典返回長安，夾道相迎的百姓有數十萬，唐太宗也為他舉行隆重的歡迎大會。

　　歸國後，玄奘共譯佛教經論 75 部，共 1,335 卷之多。此外，他還將沿途的所見所聞寫成《大唐西域記》12 卷，具有相當高的史料價值。

想一想

你認為玄奘有何值得學習的地方呢？

第六十回

安史之亂

唐睿宗載初（公元690年），武則天宣布改唐為周，成為大周開國女皇帝。這時她已六十七歲了。

她於神龍元年（公元705年）去世，只做了十五年皇帝。

十五年也不錯啦！若給我做一年皇帝，我已滿足了！

你以為做皇帝很痛快嗎？一不小心，就會遺臭萬年呢！

即使是個好皇帝，勞心勞力地處理政務，但若最後傳位給桀紂之徒，人民又會再受苦……

世界歷史透視

公元 690 年
武則天稱帝

公元 698 年
阿拉伯人攻佔迦太基

所以，若要國家長治久安，只有走上民主之路，不可寄望好皇帝的「人治」！

行了行了！你給我帝位，我也不要了！

這裏是什麼地方呢？

我想帶你們看看武則天的「無字碑」，這裏可不是呢！

頻頻出錯的時光網絡！

問路吧！

剛巧有個樵夫經過呢！

這位兄台！我們想參觀乾陵武則天的無字碑，請問該怎麼走？

……

原來是個聾子！

那麼我用寫的試試看！

武曌的無字碑在哪？

等一等！不是找武則天嗎？「曌」這個怪字是什麼意思？

呵呵！武曌就是武則天啦！

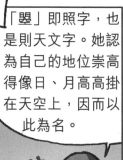

「曌」即照字，也是則天文字。她認為自己的地位崇高得像日、月高高掛在天空上，因而以此為名。

太好了！他果然看得懂！

乾陵裏，有唐高宗李治的「述聖記碑」……

碑上刻滿歌功頌德的文字，約八千餘字，由武則天親自撰寫。

相對在另一邊矗立的，就是武則天的無字碑。

碑上不刻文字，究竟有何深意？

武則天心中在想些什麼，當然無人知曉，我們只能猜度。

後世對此主要有五種說法……

一曰：功高德大無須說；

二曰：自知罪孽深重不便說；

三曰：是非功過留與後人說；

四曰：身分稱謂不統一，不知如何說；

五曰：以佛教觀點，萬事皆空不用說。

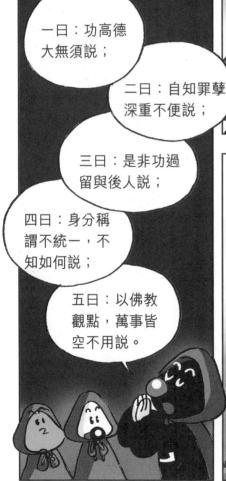

哈哈

我有第六種說法：武則天來不及撰寫便到地府報到，想說也不能說！

無論是哪一種說法，人們都無法從無字碑上證實，它只是默默地矗立着，看着皇朝更替，歷史變遷。武則天的大周皇朝，隨着她的死而成為過去……

說回武則天晚年，在神龍元年（公元 705 年），大臣趁她病重，擁立中宗李顯復位。

這位曾被生母武則天廢掉的皇帝二度登基，隨即下旨恢復「唐」的國號，史稱「神龍革命」。同年，武則天去世。

但這位中宗是個庸才，疏於政務，又沒汲取教訓，放任皇后韋氏干政……

相傳韋后更聯合女兒安樂公主把中宗毒死！最後中宗只當了五年皇帝便駕崩。

李隆基

李隆基是李旦之子，他不滿韋后干政，並有稱帝的野心，於是發動兵變，將韋后一黨剷除。

105

局面平定後，李隆基擁立其父李旦二度稱帝。

李旦也是曾被武則天廢掉的皇帝，對嗎？

沒錯！唐朝有兩位皇帝二度稱帝，就是中宗李顯和睿宗李旦兩兄弟。

睿宗也不是一個強者，他登位後，李隆基和太平公主（睿宗之妹）爭權，他無法擺平，就把帝位禪讓給李隆基，是為唐玄宗。

玄宗繼位後，以武力肅清太平公主及其餘黨，勵精圖治，革新政治，終於使大唐皇朝再次走向富強，史稱「開元之治」。

世界歷史透視

公元 712 年

唐玄宗即位

可惜到了玄宗晚年，可能天下太平已久，他開始驕奢淫逸，寵愛楊貴妃，任用小人當政，終於引發「安史之亂」！

權力使人腐化，可見當權者沒有定期輪替，一定會出現問題！

這個當然了！所以在現代民主制度，一國元首的任期必定有限。

啊！現在我們去哪裏？

去看胖子安祿山跳舞！

呵呵呵～

你頂着這個大肚子，真的能跳胡旋舞嗎？

玄宗跟前這個大胖子，就是安祿山。

安祿山是胡人，善於諂媚逢迎，比他年輕的楊貴妃居然收他為養子，而玄宗也十分信任他，封他為東平郡王。

急轉如風，
謂之胡旋！

看得我頭昏眼花……

也許就是「頭昏眼花」的關係，玄宗才會重用他！

安祿山身兼平盧、范陽、河東三地節度使*，擁軍十八萬三千九百人，軍力比鎮守京畿的還要多。

楊貴妃的堂兄楊國忠，升任宰相後與安祿山爭權，引發安祿山叛亂之心。

*節度使是守衛邊境軍鎮的長官，唐玄宗在各地設立了十個節度使，掌軍事、行政、財政等大權。

末將史思明，參見大人！

很好！我找你來，是有一件秘密的事情要與你商量……

哦?!

楊國忠要打擊我，我不能坐以待斃，必須先下手為強！

　　天寶十四年（公元 755 年），安祿山訛稱有皇上密旨，要討伐楊國忠以「清君側」，牽軍二十萬浩浩蕩蕩奔向東都洛陽。

皇上！臣早説過，安祿山那傢伙遲早造反……

楊國忠

現在他真的帶頭叛亂，進軍京師了！

玄宗起初不肯相信他寵愛的安祿山叛變，直至眼見形勢危急，才急忙調兵對抗，但叛軍其時已兵臨城下。

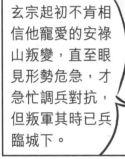

此君真是胡塗！

玄宗帶着皇族妃嬪逃離長安，一路上缺水乏糧，不久來到了馬嵬坡……

馬嵬坡

世界歷史透視

這時，軍隊又累又餓，怨氣很大。

六軍不肯繼續前行，並提出了要求……

啟稟皇上！大軍眾怒之下，已將宰相楊國忠殺了！

楊國忠此人誤我，殺了就算吧……

但六軍仍未肯罷休，請皇上下旨，殺楊貴妃以平眾怒！

什麼？！

玄宗最後只能就範。唐代詩人白居易的《長恨歌》，描寫了楊貴妃被賜死的情景。

一代美女，永別了！

不過據野史之說，楊貴妃其實未死，死者是頂替的可憐侍女！

咦？那麼楊貴妃跑到哪裏去了？

一說是流落民間，一說是被日本遣唐使救到日本去了！

日本？

傳說她到了日本山口縣久津，現在當地仍有一個楊貴妃墓……

就連日本影星山口百惠也曾說過，自己是楊貴妃後人呢！信不信由你！

歷史文化知多點

輝煌的唐代藝術

初唐四大書法家

　　中國書法自東漢後一直蓬勃發展，到隋末唐初更達巔峯，尤其因唐太宗酷愛書法，即位後不久就設立弘文館，集結天下文才，在其大力推動下，書法風氣大盛，當中以歐陽詢、虞世南、褚遂良及薛稷最負盛名，合稱「初唐四大家」。

　　歐陽詢的書法高華莊重，氣度森嚴，被譽為「歐體」。因「歐體」易於學習，所以後人練習書法，多從臨摹他的字帖開始。後來他總結自身經驗，撰寫了多部書法理論作品，對古代書法藝術的發展有重大貢獻。

　　虞世南的字體用筆圓潤，柔中帶剛，典雅華麗。而褚遂良受歐、虞影響，將二人風格融合，字體方圓兼備，波勢自如，比前輩更顯舒展。薛稷的書風受褚遂良影響最大，同時又融隸入楷，用筆纖瘦，結字疏朗，形成媚麗而不失氣勢的書風，他的書法影響了唐末的柳公權和宋代的宋徽宗趙佶。

唐代壁畫藝術

　　有「千佛洞」之稱的敦煌莫高窟，以雕像和壁畫聞名於世，於 1987 年列入世界文化遺產，不單展示了延續千年的佛教藝術，更見證了唐代壁畫的鼎盛時期。

　　壁畫是以繪製、雕塑等方法在壁面上作畫，具裝飾和美化建築物的作用。中國的壁畫藝術源遠流長，最早可以追溯到原始時期的岩畫藝術；到了唐代，壁畫藝術發展大大超越了前代，吳道子、王維等名家雲集。

　　壁畫藝術的發展與佛教興盛有莫大關係，自魏晉南北朝以來，寺院、石窟紛紛建立，如敦煌莫高窟、榆林石窟、麥積山石窟、龍門石窟、洛陽敬愛寺、成都大慈寺等。寺廟主持都會以重金羅致畫家作壁畫，一來宣傳教義，二來吸引更多信眾參拜，因而促成當時羣師流芳的局面。

　　莫高窟的壁畫題材廣泛，不單描繪佛經故事，還穿插了宴飲、閱兵、行醫、商旅、農耕等題材，為後世描繪出唐代的社會生活面貌。

兼容並蓄的唐代歌舞

唐室的國力鼎盛，聲威遠播，吸引不少外族人士到中原地區學習，令當時的文化交流相當頻繁，唐朝歌舞也吸收了外族文化的特色。

唐代宮廷燕樂《十部樂》，便是在魏晉南北朝樂舞的基礎上，加添新意而成。著名的《霓裳羽衣舞》，傳說是由唐玄宗創作，當中參考了西涼都督進獻的天竺舞曲《婆羅門曲》。而魏晉南北朝時傳入中國的「胡樂」琵琶，在唐代亦相當流行，人們會在各種節慶及舞蹈用琵琶來伴奏。

在唐代，樂舞表演是宴會中不可缺少的一部分，這些小型舞蹈可分為節奏明快的「健舞」及優美輕緩的「軟舞」。「健舞」中的「胡旋舞」為連續快速旋轉的高超技藝，風靡一時，楊貴妃及安祿山都是表演此舞蹈的箇中好手。

除了以樂伴舞，中國自古以來也有以詩入樂的傳統。由於唐詩興盛，詩樂因而享負盛名。相傳唐代詩人王昌齡、高適和王之渙曾在喝酒聽樂時打賭，以他們所寫的詩被樂人彈奏的次數，來決定三人在詩壇地位的高低。

光彩奪目的唐三彩

　　盛行於唐代的陶器「唐三彩」，是中國陶藝史上的里程碑。唐三彩是一種以黃、綠、白三種釉色為主的陶器，因而得名。

　　在一件陶器上同時使用三種釉色，這種技法為唐代首創。施釉時，三種顏色交錯，入窯燒製時，釉色在高溫下流淌，互相滲化，使陶器的色彩斑駁，光彩奪目。外形方面，唐三彩主要有人物、動物和器物三種，人與動物的比例恰當，形態生動自然，亦帶有唐代藝術豐滿闊碩的特徵，反映了唐朝的時代風貌。

　　不過這些美麗的陶器在唐代甚少用作日常生活中的擺設，而是作為陪葬品而製造出來。此外，唐三彩還遠銷至海外，例如日本、朝鮮、伊朗、埃及、意大利等國家。

想一想

　　唐代的藝術作品多樣而豐盛，跟唐朝與外族的交流有什麼關係呢？

唐太宗貞觀年間，一斗米才三錢啊！

通脹一萬倍？這是什麼世道？

沒辦法啊！七年戰亂，令物資嚴重短缺⋯⋯

還有！

朝廷為了填補國庫，於是濫收稅款，令我們的生活百上加斤！

不知民間疾苦，這皇帝是怎樣當的?!

這也怪可恨的宦官亂政！

三萬錢一斗

中外歷史大比照　第一次世界大戰後德國出現嚴重通脹，一條麵包的價格由1922 年的 163 馬克，急升至 1923 年 2,000 億馬克。

對！因為玄宗以後的兩位皇帝，都是由宦官擁立的！

侍奉帝王的太監也叫宦官，唐朝有不少宦官都在朝中擔任官職。

話說唐玄宗在馬嵬坡揮淚賜死楊貴妃後，南逃成都，而太子李亨則與他分道揚鑣，北上靈武……

宦官李輔國

太子李亨

稟太子殿下，皇上依然未有消息……

請聽微臣一言……

國不可一日無君，請太子馬上登基！

世界歷史透視

公元 763 年
安史之亂結束

公元 768 年
查理曼成為法蘭克王國國王

至德元年（公元 756 年），太子李亨在靈武即位，稱唐肅宗。此君性格懦弱，認定李輔國忠心擁戴他，竟把軍政大事都託付在他身上。

嘿嘿，以後我李輔國便是一人之下，萬人之上了！

翌年，安祿山被其子安慶緒派人行刺而亡。

同年，唐軍收復長安和洛陽，玄宗這位「太上皇」返回長安。

父皇平安回來，我終於可以放下心頭大石了！

非也！

據我所知，你父皇密謀重奪皇位！

李輔國使計離間玄宗與肅宗，玄宗因而被軟禁於太極宮甘露殿。

乾元二年（公元759年），史思明殺了安慶緒，奪得安氏的「大燕皇帝」* 寶座。

兩年後，史思明的長子史朝義兵變，弒父奪位。

又是弒父奪位？太可怕了！

別盡説些沒人性的故事，説些別的吧！

好吧！説説文化方面。唐朝對後世最大的貢獻就是唐詩！

唐詩三百首！

牀前明月光……

這是李白的《靜夜思》。

李白躺在牀上看月光，真懂得享受！

*安祿山於公元756年建立大燕，建都洛陽；安慶緒殺死安祿山後繼承其位。

不！一直以來，現代人對李白所寫的那個「牀」字有誤解！

那並非用來躺着睡覺的「牀」，而是坐具「胡牀」！

胡牀，即現今所謂的「馬扎」，因此物由西域傳入，故名「胡牀」。

李白如果是躺在屋內的「牀」上，就難以看見月色透窗而入所造成的「地上霜」感覺。

若是坐在戶外的胡牀上，那詩句就解得通了。而他「舉頭」望月與「低頭」思鄉也更合符自然。

哈哈，弄錯了！

錯的又不止我一個！

李白死於公元762年。這一年，玄宗和肅宗都駕崩了，李輔國擁立代宗李豫繼位後，更加趾高氣揚。

中外歷史
大比照

《萬葉集》是現存最早的日本詩歌總集，約於公元759年編成，收錄了約 4,500 首和歌。

翌年（公元763年），唐軍反攻，史朝義兵敗自殺，安史之亂終於結束。

老百姓有好日子過了？

可惜！宦官干政之局已定，李輔國大權在握，更加為所欲為。

李輔國擁立代宗有功，封為中書令*，成為中國歷史上宦官入朝任官而當上宰相的一例。

不過，代宗也並非呆子……

未經朕同意，你卻擅自決定那麼多事情，太過分了！

這是為皇上你好，你可以安坐宮中，無須操勞……

外面的事，由我處理即可！

*中書令是古代官名，為中書省的長官。唐朝實行三省制，設尚書省、門下省和中書省，各省長官職位屬宰相職。

李輔國的膽子真大！

身為臣子竟以下犯上呢！

如果我是代宗，一定會除之而後快！

你說對了！

代宗拉攏另一名宦官程元振，讓他掌握兵權，最後更派刺客行刺李輔國。

禍國之臣除去，大唐江山有救了！

唉，其實只是轉換另一名宦官上場。從憲宗起至唐末，大部分皇帝都是由宦官擁立的！

憲宗、敬宗更被宦官所殺，君主已淪為傀儡！

朝廷混亂，外族趁機入侵，再加上天災連連，最後逼得百姓揭竿而起……

中外歷史大比照 在中世紀的歐洲，教會擁有極大的權力，皇帝需要由教皇加冕才能獲得承認。

唐僖宗乾符元年（公元874年），私鹽販子王仙芝首先聚眾起義。翌年，鹽商黃巢響應。此後數年間，兩支起義軍攻陷不少地方。

乾符五年（公元878年），王仙芝戰死，黃巢崛起，號「沖天大將軍」。

黃巢

沖天大將軍？這名堂真厲害！

希望他能解救人民於水火之中。

可惜事實並非如此！

黃巢軍大肆搶掠，濫殺無辜。他曾「血洗泉州」，攻克廣州時更殺掉十二萬人，即使是外國商人亦未能倖免於難。

喪盡天良！

還不止，史書上說他們甚至把捉來的俘虜當軍糧吃呢！

嘔！

不要再說了！

129

廣明元年十二月（公元 881 年 1 月），黃巢攻入長安，建立大齊政權，正式做了皇帝。

不愧是京城之地，搜刮到的金銀珠寶也特別多！

皇上！

唐僖宗逃到四川，我願領軍窮追。

朱溫

趁他們陣腳未穩，徹底一網打盡吧！

哼！

*中國自隋朝開始設立科舉，通過考試來選拔官員。唐朝時，進士是科舉的考試科目之一。

黃巢在長安剛建立大齊，城內就出現「反詩」，諷刺政權倒行逆施。黃巢的手下尚讓下令追查，卻沒抓到人，最後竟將全城三千儒生全部殺掉。

這些傢伙真狠！

其實，黃巢自己也曾作過「反詩」！

他參加科舉考試落第後，曾寫了一首詠菊花的詩來發洩不滿……

詩云：
待得秋來九月八，
我花開後百花殺。
沖天香陣透長安，
滿城盡帶黃金甲。

這首詩暗示他將會帶兵入城，推翻唐朝呢！

不過他入城後只顧着享樂和殺人，終於讓唐軍有機會反攻！

唐軍重重圍困長安城，黃巢軍兵源、糧源斷絕……

朱溫呢？

那小子的救兵怎麼還未來到？

皇上，你還不知道嗎？

知道什麼？

朱溫已經投降了，還被賜名朱全忠！

黃巢領兵逃出長安，士氣不振，人心已變，敗退至虎狼谷時被部下殺掉。

也有說他死於自殺或成功逃亡出家的傳言。

朱全忠投降後被封為宣武節度使，反擊黃巢。中和四年（公元884年），黃巢之亂平定，朱全忠擁兵自重。

數年後（公元888年），唐昭宗即位，他密謀除去宦官，宰相崔胤命朱全忠帶兵入長安，盡殺宦官七百餘人，唐朝的宦禍至此結束。

宦禍雖然結束，但唐昭宗召朱全忠入城，猶如引狼入室！

嗯！我記得歷史課本上有「朱溫反唐」一課！

天祐元年（公元904年），朱全忠派人殺死昭宗，並立昭宗之子李柷*為帝，稱唐哀帝。三年後，他逼哀帝退位，自登帝位，建立梁朝，史稱後梁。

*柷，粵音足。

歷史文化知多點

才華洋溢的唐代文學家

詩仙李白與詩史杜甫

　　唐代盛產詩人，唐代詩歌更流傳後世，影響深遠。唐代詩人中最具代表的是「李杜」，即李白和杜甫。

　　杜甫，字子美，三十四歲時到長安參加科舉，卻遇宰相李林甫暗中做手腳，使當年無人及第。未能入朝為官的杜甫生活貧困，因而寫下「朱門酒肉臭，路有凍死骨」等經典名句，諷刺達官貴人奢侈淫逸，並對民生疾苦表示深刻的同情。杜甫留下了一千四百多首詩，寫出唐朝由盛轉衰的社會實況，因而得「詩史」之美譽。

　　李白是浪漫主義詩人的佼佼者，現存詩歌九百多首，風格雄奇豪放，內容瑰麗多彩。唐玄宗天寶元年（公元 742 年），李白獲薦到長安當宮廷詩人，可惜得罪宦官高力士，只留在宮中短短兩三載。因這段經歷，李白在詩中表現出蔑視庸俗和不媚權貴的精神，表達了對官場黑暗的不滿。其詩富想像力，運用大量神話傳說，歌頌遊俠，而他亦喜歡求仙學道，因此被譽為「詩仙」。

新樂府運動先鋒──元稹和白居易

唐朝末年，政治腐敗，戰亂頻仍，國勢日走下坡。詩人有見及此，遂以「文章合為時而著，歌詩合為事而作」為宗旨，發起「新樂府運動」。

樂府原是漢朝掌管音樂的政府機構，在全國收集的民間歌謠稱為「樂府詩」。唐代部分詩人自立新的樂府詩題，用詩歌描寫時事，道出世間不平，並希望達至改革政治的目的。這場運動的提倡者，就是合稱「元白」的元稹（粵音診）和白居易。

元稹曾入朝為官，因得罪宦官而遭到貶斥。其樂府詩能反映現實和民生情況，如《田家詞》揭露官吏的橫暴與農民的疾苦；《織婦詞》描寫了勞動婦女的悲慘命運，譴責統治者的貪得無厭。

至於白居易，為官時經常上書議政，甚至直接指出皇帝的錯誤，其後因寫下大量針對時弊的詩歌，得罪當朝權貴，被貶江州。其著名詩作有《賣炭翁》，反映了人民生活艱苦和貧富差距；《杜陵叟》則描寫農民面對乾旱、早霜等天災的苦況，以揭露酷吏不恤民情、諂上欺下的劣行。

成也詩歌，敗也詩歌——劉禹錫

唐代詩人劉禹錫出身書香門第，從小才學過人，貞元九年（公元 793 年）考取進士，曾任監察御史等職位，但仕途不順。有次，劉禹錫被貶後重新回京，與朋友到長安玄都觀賞桃花，並寫下《元和十年自朗州承召至京戲贈看花諸君子》一詩：

紫陌紅塵拂面來，無人不道看花回。

玄都觀裏桃千樹，盡是劉郎去後栽。

一些不滿劉禹錫的朝中大臣，指他以桃花暗諷當時的政治新貴，而看花客則諷刺權貴門下的勢利小人。唐憲宗知道後非常憤怒，便以「心懷怨恨，誹謗朝廷」的罪名，把劉禹錫貶為連州（今廣東連縣）刺史。

十四年後，劉禹錫終於被調回長安。他再次遊歷玄都觀，卻發現該地變得面目全非，寫了《再遊玄都觀》一詩以抒發感慨，表示自己不會向權貴屈服。然而，此詩亦被指是諷刺朝廷的作品，結果三年後劉禹錫再遭貶官。

古文八大家之首——韓愈

韓愈是唐代著名的文學家，一生為官正氣清廉，但也因敢言直諫而屢遭貶謫。

有一次，唐憲宗迎接佛骨舍利入宮供奉，令舉國掀起崇佛風潮，不少人因此傾家盪產。韓愈上書直諫，觸怒了憲宗，於是被「夕貶潮州路八千」。

當時潮州沿海一帶鱷魚成災，韓愈於是寫下《祭鱷魚文》以安定民心，並着手為民驅除禍害。同時，他興修水利，引進農耕技術；更不惜捐出俸祿作為辦學經費，成為開展當地文化教育的先驅。潮州有買賣奴隸的傳統，韓愈也立例禁止。

韓愈雖然仕途不順，但在文壇的成就很高。他推動「古文運動」，提倡「文以載道」，反對寫作華而不實的文章。韓愈的文章構思奇巧，詞鋒銳利，並從中宣揚儒家思想，後世尊稱他為「唐宋古文八大家」之首。

想一想

唐詩是中國文學瑰寶，閱讀唐詩帶給我們什麼得着呢？

第六十二回

五代十國

中外歷史
大比照　　　中世紀的歐洲甚少出現像隋、唐的統一王朝，因國王及領主把土地分封給封臣，導致小國林立。

「五代十國」是指五個朝代裏有十個國家,即是每個朝代有兩個國家?

不!不!不!

所謂「五代十國」,是五個朝代再加上十個獨立的小國。

比七國更亂!

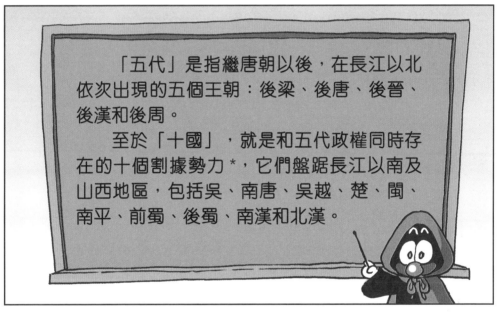

「五代」是指繼唐朝以後,在長江以北依次出現的五個王朝:後梁、後唐、後晉、後漢和後周。

至於「十國」,就是和五代政權同時存在的十個割據勢力*,它們盤踞長江以南及山西地區,包括吳、南唐、吳越、楚、閩、南平、前蜀、後蜀、南漢和北漢。

如果考試要記這一大堆名字就慘了!

呵呵,可以利用歌訣去記呢!

*十國的建立者原是唐朝的節度使,在唐朝滅亡後宣布獨立。

141

五代
後梁　後唐　後晉　後漢　後周

五代的歌訣就是：梁唐晉漢周，前邊都有「後」！

因歷史上已出現過梁、唐、晉、漢、周的朝代，所以要加上「後」字來區分。

那麼「十國」又怎樣？

這方法真好，相當易記呢！

好學生

十國
前蜀　後蜀
南漢　北漢
南唐　南平
吳越　吳　楚
閩

十國的歌訣是：前後蜀，南北漢，南唐、南平曾為伴，吳越、吳、閩、楚十國。

有歌訣真好，易讀易記，以後你不用「出貓」了！

誰説我會「出貓」的?!

在五代十國的數十年間，藩鎮混戰為人民帶來極大災難……

做老百姓真苦啊，還要被他們拉去打仗！

啊！

嗖　嗖

救……救命！

想做逃兵？
下一世吧！

逃兵？可憐
的傢伙！

且慢！他穿的是平
民裝束，你有何證
據說他是逃兵？

當然有證據，你看看
他的臉！

紋身見得多，
怎麼他紋到臉
上去了？

是這時代
流行的玩
意嗎？

不不不

　　紋在臉上的叫「黥面」，官
府抓了壯丁入伍打仗，為防他們
逃走，於是在其臉上刺字刻紋，
以便官府追捕逃兵。

謝謝恩公！如果我被捉回去，只會被處死，我家裏還有妻兒要照顧……

那就快走吧！別在這裏浪費時間了！

所謂分久必合，是誰結束五代十國這亂局呢？

就是宋朝的開國君主——宋太祖趙匡胤！

五代最後的朝代是後周。公元959年，周世宗英年早逝，年僅七歲的幼主即位。

翌年，身為後周禁軍將領的趙匡胤，使計謊稱有外族入侵，輔國大臣和少不更事的幼主不虞有詐，命他領軍抵禦。

趙匡胤率領部隊離京，在距離都城汴梁不遠的陳橋驛駐紮下來。

陳橋驛？這地名好耳熟呢……

對！歷史上有名的「陳橋兵變」就在這裏發生。

唉，皇上只有七歲，什麼都不懂……

我們為國家出生入死打仗，幼主能知道嗎？

世界歷史透視

公元 951 年
鄂圖一世成為倫巴第國王

公元 960 年
趙匡胤建立北宋

連黃袍都事先預備好了，果然是早有預謀！

這就是所謂「黃袍加身」的篡位戲！

趙匡胤率兵回到京城，裝模作樣的讓小皇帝「禪讓」帝位給他，並改國號為「宋」，是為宋太祖。

唉，不想再看爭權奪位的事了，說點別的吧！

南唐是五代十國中文化最鼎盛的國家。最後一位國君李煜，史稱「李後主」。他這個皇帝做得很差勁，但文采出眾，有「詞聖」之譽，名傳後世。

那就說說五代十國著名的詞人李煜*吧！

公元975年，宋兵攻破金陵，擄李煜至汴京。

宋太祖趙匡胤沒有殺他，封他為「違命侯」，李煜從此過着俘虜的生活。

唉！

*煜，粵音旭。

151

春花秋月何時了，往事知多少。小樓昨夜又東風，故國不堪回首月明中。

雕闌玉砌應猶在，只是朱顏改。問君能有幾多愁，恰似一江春水向東流。

這首正是後世無人不識的千古絕唱《虞美人》。

這時趙匡胤的弟弟已繼位為宋太宗，他聽後氣惱李煜仍懷緬故國，於是賜他毒酒……

李煜以詞成名，卻也以詞得禍，唉……

五代十國這段歷史也完結了！

歷史文化知多點

五代十國的亂世

梨園天子「李天下」

後唐莊宗李存勗（粵音旭）本為唐末將領李克用的長子，一直隨父親征戰沙場，以膽色過人、驍勇善戰著稱。唐昭宗亦對其讚不絕口：「此子可亞其父。」（兒子比父親更出色）此乃李存勗小字「亞子」的由來。

李克用臨終前，曾囑咐李存勗三項任務：一是討伐范陽節度使劉仁恭，攻取幽州；二是征討契丹，解除北方邊患，三是消滅死敵朱溫，以復唐之社稷。李存勗繼承其父的遺志，馳騁沙場，勢如破竹，連朱溫也慨歎：「生子當如李亞子，我的兒子不過是豬狗之輩而已！」

公元 923 年，李存勗消滅朱溫所立的後梁，建立後唐。可是，李存勗打了天下，卻不懂得治天下。他從小就很喜歡看戲和演戲，即使當了皇帝，還不時穿着戲服粉墨登場，還給自己起了個藝名，名為「李天下」。

由於莊宗好俳優，多與伶人交往，令他們恃寵生驕，專權用事，最終釀成伶人與宦官互相勾結，把持朝政，令後唐的政局日益敗壞。三年下來，這位後唐皇帝竟因兵變被殺。

兒皇帝石敬瑭

後晉的開國君主石敬瑭為沙陀人，長興三年（公元932年）被後唐末帝封為河東節度使，負責抵禦北方契丹南下。清泰三年（公元936年），石敬瑭決定起兵叛亂，並獲契丹支援，最終擊敗後唐的軍隊，建立後晉。

為了報答契丹借兵，石敬瑭奉比他小十歲的契丹首領耶律德光為父，並自稱「兒皇帝」，以示尊卑有別。此外，每當契丹使臣到訪，石敬瑭總會拜受契丹詔書。除了每年向契丹交納三十萬匹帛外，每逢有喜慶或弔喪之事，朝廷也要奉上禮物。舉國上下，無不認為向契丹俯首稱臣的行為非常可恥，然而石敬瑭在位的六年間，依然對這位「父皇帝」畢恭畢敬。

最為後人垢病的是，石敬瑭割出燕雲十六州作為酬勞，將北部險要之地拱手讓給契丹，連心腹將領劉知遠也斥責其行：「恐怕這日後會成為中國之患，後悔莫及。」果然，石敬瑭的一意孤行，終令中原屏障盡失，外族可以長驅直入，遺下肆虐數百年的邊患問題。

李煜與韓熙載

南唐後主李煜即位時，國家已處於內憂外患的局勢，可是李煜沉迷酒色，賦詩作畫，不思救國圖強，令韓熙載這位原本懷有遠大抱負的大臣都心灰意冷。

韓熙載為山東北海人，出身名族，因避禍而逃奔至江南，在南唐三朝為官，但備受權臣的排擠而不受重用。李煜繼位後，曾欲提拔韓熙載為宰相，但韓熙載認為南唐國勢已一落千丈，政途凶險，於是故意沉溺於酒宴歌舞的逸樂生活。

李煜聽後，派顧閎中深夜潛入韓宅查探。顧閎中是一名畫家，他把在韓宅所見的情況，繪成《韓熙載夜宴圖》。這幅作品細緻地描繪了韓宅宴會上彈絲吹竹、清歌豔舞的熱鬧場面，線條工細流暢，色彩絢麗清雅，人物造型精美傳神，藝術水準之高超，與名畫《清明上河圖》和《百駿圖》齊名。

後來李煜把這幅畫給韓熙載看，韓熙載依然故我，縱情享樂。直至他死後，李後主追贈宰相之位予他，其時距離南唐滅亡亦不遠了。

想一想

從以上的故事來看，你認為五代十國的政權為何只能維持一段短時間呢？

公元 604 年
隋文帝亡。隋煬帝即位，後開鑿大運河。

公元 755 年至 763 年
安史之亂。

公元 875 年
黃巢發動民變，起兵反唐。

公元 960 年
趙匡胤發動陳橋兵變，篡後周，建立北宋。

公元 907 年
朱全忠篡唐，自立為帝，建立後梁，五代十國時期開始。

公元 612 年至 614 年
隋煬帝三度出征高句麗。

公元 626 年
李世民發動玄武
門之變，後繼位
為唐太宗。

公元 690 年至 705 年
武則天稱帝，改國號
為周。

公元 975 年
北宋攻陷南唐，李後主
李煜被俘。

遠古時代
夏 （公元前 2070 年至公元前 1600 年）
商 （公元前 1600 年至公元前 1046 年）
西周 （公元前 1046 年至公元前 771 年）
春秋 （公元前 770 年至公元前 403 年）
戰國 （公元前 403 年至公元前 221 年）
秦 （公元前 221 年至公元前 206 年）
漢 （公元前 206 年至公元 220 年）
三國 （公元 220 年至 280 年）
西晉 （公元 266 年至 316 年）
東晉 （公元 317 年至 420 年）
南北朝 （公元 420 年至 589 年）
隋 （公元 581 年至 618 年）
唐 （公元 618 年至 907 年）
五代十國 （公元 907 年至 979 年）
北宋 （公元 960 年至 1127 年）
南宋 （公元 1127 年至 1279 年）
元 （公元 1279 年至 1368 年）
明 （公元 1368 年至 1644 年）
清 （公元 1644 年至 1912 年）

中國歷史大冒險 ⑨

唐朝盛世

作　　者：方舒眉
繪　　圖：馬星原
責任編輯：陳志倩
美術設計：陳雅琳
出　　版：新雅文化事業有限公司
　　　　　香港英皇道 499 號北角工業大廈 18 樓
　　　　　電話：（852）2138 7998
　　　　　傳真：（852）2597 4003
　　　　　網址：http://www.sunya.com.hk
　　　　　電郵：marketing@sunya.com.hk
發　　行：香港聯合書刊物流有限公司
　　　　　香港荃灣德士古道220-248號荃灣工業中心16樓
　　　　　電話：（852）2150 2100
　　　　　傳真：（852）2407 3062
　　　　　電郵：info@suplogistics.com.hk
印　　刷：Elite Company
　　　　　香港黃竹坑業發街 2 號志聯興工業大樓 15 樓 A 室
版　　次：二○二○年一月初版
　　　　　二○二一年一月第二次印刷
版權所有‧不准翻印